... ÉCONOMIQUES

LES FERS EN 1860

PAR

M. Jules BESQUEUT

MAÎTRE DE FORGE (MORBIHAN)

PARIS

CHEZ E. DENTU, LIBRAIRE

PALAIS-ROYAL, 13, GALERIE D'ORLÉANS

1860

QUESTIONS
ÉCONOMIQUES

LES FERS EN 1860

IMPRIMERIE POITEVIN ET COMP., RUE DAMIETTE, 2.

QUESTIONS

ÉCONOMIQUES

LES FERS EN 1860

PAR

M. Jules **BESQUEUT**

MAÎTRE DE FORGES (MORBIHAN)

PARIS

CHEZ E. DENTU, LIBRAIRE

PALAIS-ROYAL, 13, GALERIE D'ORLÉANS

—

1860

QUESTIONS
ÉCONOMIQUES

LES FERS EN 1860

Bien que le traité de commerce avec l'Angleterre date déjà de plusieurs mois, la France en est encore tout impressionnée. Elle n'a pu voir, sans trouble ni sans crainte, porter atteinte au système économique sous lequel vivait notre industrie depuis Colbert.

Ce système économique avait fait naître, croître et prospérer notre travail national; il était la force motrice de notre industrie; il avait amené la France, en moins d'un siècle, à travers de longues guerres et de nombreuses révolutions, à un grand état de puissance et de prospérité; et il nous aurait fait arriver forcément et infailliblement au plus haut degré de force et de richesse, s'il avait été maintenu. Il ne faut donc pas s'étonner des inquiétudes du pays en voyant que l'on nous fait quitter la route qui nous conduisait directement et sûrement au but, pour nous lancer dans des voies inconnues, pleines de périls, et qui ont toujours été funestes aux peuples qui ont commis la faute de s'y risquer.

Malgré bien des fortunes compromises par la brèche qui vient d'être faite au système protecteur, malgré l'amoindrissement du capital engagé dans toutes les opérations industrielles, aucune des personnes atteintes n'a pris une attitude hostile : les chefs d'industrie, quoique contristés et découragés, n'ont point ralenti l'activité de leurs travaux, et, loin de répandre l'agitation parmi leurs ouvriers, ils ont cherché à les calmer et ils les ont maintenus dans le devoir.

Quant à eux personnellement, non-seulement ils se préparent à observer avec recueillement l'épreuve du régime nouveau, mais encore ils sont sincèrement disposés à se prêter de tous leurs efforts et de toute leur bonne volonté à la lutte qu'ils vont avoir à subir.

Cette attitude étonnera sans aucun doute les révolutionnaires de notre pays; mais elle prouvera, une fois de plus, que les plus puissants soutiens de tous les gouvernements réguliers, quels qu'ils soient, se trouvent parmi les chefs de l'industrie et dans toute cette armée de travailleurs qui est la véritable force vive du pays.

L'industrie n'approuve pas le traité de commerce qui vient d'être conclu avec l'Angleterre : l'industrie en éprouvera de grandes souffrances ; beaucoup d'établissements disparaîtront ; bien des fortunes seront englouties ; mais la population industrielle ne cherchera pas à provoquer de révolutions. Les intérêts matériels, même en souffrance, les redoutent comme un fléau.

Les véritables faiseurs de révolutions se recrutent parmi ces hommes à théories qui ont puisé dans les écoles une instruction générale, souvent brillante, mais qui n'a reçu aucune application, instruction dangereuse, qui les maintient toujours dans les nuages des théories et qui leur donne des aspirations ardentes, un esprit d'envie et de jalousie pour tout ce qui possède et acquiert par son travail.

Ces hommes se nommaient montagnards en 93 ; ils se sont nommés, plus tard, idéologues, saint-simoniens, fouriéristes, phalanstériens, socialistes; aujourd'hui nous pouvons ranger parmi eux ces économistes radicaux qui, ne se préoccupant pas des conséquences de la liberté de commerce pour notre pays, s'écrient avec passion : *Périsse l'industrie nationale plutôt que les principes de l'économie politique pure !* Ces hommes sont tous les mêmes : ce sont toujours des utopistes dangereux, des esprits passionnés, qui veulent sans cesse pousser l'humanité hors des voies régulières et de la vie pratique, et qui la précipiteraient vers des abîmes, s'ils étaient admis dans les conseils des gouvernements.

Ce sont ces hommes qui ont rêvé les systèmes les plus extravagants; qui ont tenté de renverser les bases fondamentales de toute société régulière; qui se sont établis en réformateurs de nos institutions sociales; qui ont voulu porter atteinte à ces choses sacrées, immuables, sans lesquelles il n'y a ni civilisation ni société possible.

Nous trouvons ces mêmes hommes dans tous les temps, à toutes les époques de notre histoire, parce qu'il y a toujours eu et qu'il y aura toujours deux esprits dans le monde :

L'esprit de théorie, c'est-à-dire les imaginations vaines, les impressions idéales, le mirage, *l'erreur;*

L'esprit pratique, c'est-à-dire les applications utiles des connaissances humaines, l'expérience des choses du monde, la vie réelle, *la vérité.*

Napoléon 1er connaissait bien ces deux esprits : il avait une répugnance extrême pour les idéologues; ce vaste génie avait une intelligence si simple et si juste, il possédait une connaissance si profonde des hommes, qu'il n'aurait jamais voulu associer l'un de ces rêveurs à sa politique, ni l'attacher, en quoi que ce fût, à l'administration du pays. Napoléon III a, lui aussi, combattu des idéologues d'une autre espèce; il a foulé aux pieds le spectre socialiste, qui était devenu l'épouvantail de la France.

Voudrait-il aujourd'hui nous livrer aux mains du spectre libre-échangiste?

La réponse ne peut être que négative, et les plus timorés peuvent se rassurer, c'est notre conviction. La lettre de Sa Majesté au ministre d'État, sous la date

du 5 janvier dernier, lettre mémorable, est avant
tout un vaste plan d'améliorations intérieures, de
conceptions utiles, qui témoignent à la fois de la haute
sollicitude de Sa Majesté pour la prospérité de l'industrie, de son désir de la faire prospérer et de lui
donner une vive impulsion.

Quant au traité de commerce du 23 janvier, quelle
en est la portée ? quel en est l'esprit ? Est-ce l'inaugu-
tion du régime de la liberté du commerce ? Évidemment
non ! Et si les exagérations des libres-échangistes ont
tendu à jeter le doute sur les intentions réelles du Gouvernement et à le pousser plus loin qu'il n'a voulu
aller, nous avons, pour calmer les esprits alarmés, les
diverses interprétations du traité qui ont été données à
plusieurs reprises par le Gouvernement, et notamment
les discours de M. Fould et M. le Président du Conseil
d'État.

Il n'y a pas à en douter : le Gouvernement n'a point
entendu arborer le drapeau du libre-échange : il a voulu
seulement mettre en concurrence les industries de la
France et de la Grande-Bretagne, pour faire sortir de
la lutte un abaissement du prix de chaque chose. A

notre sens, l'épreuve est dangereuse, elle pourra produire le contraire de ce qu'on en attend, mais toujours est-il que notre vieux régime commercial paraît devoir être maintenu, et que, loin de vouloir arrêter le travail national, l'Empereur a la ferme volonté de lui donner une activité nouvelle.

Nous ne suspectons donc point les intentions qui ont présidé à l'accomplissement de l'acte qui a causé une si grande émotion dans le monde industriel; le but, en abaissant nos tarifs, a été de stimuler nos diverses industries par la concurrence, de développer la puissance productive du pays, d'offrir des perspectives nouvelles au travail national, et de donner en même temps satisfaction à certains intérêts en souffrance. Nous pensons qu'on a commis une erreur; nous sommes convaincu qu'une politique fermement protectrice pouvait seule amener le résultat qu'on s'est proposé d'obtenir; mais, enfin, ce qui est fait n'est pas à discuter, et il serait pour le moins inutile d'apporter encore aujourd'hui de nouvelles doléances sur le traité qui nous lie et nous enchaîne pour dix années.

Notre intérêt, nous dirons plus, notre devoir nous

oblige aujourd'hui à nous placer résolûment en face de la position nouvelle qui vient d'être faite à nos industries par le traité de commerce, et à chercher les moyens de tirer parti de la situation, quelque mauvaise qu'elle nous apparaisse; à nous préoccuper sans relàche de tous les progrès qui peuvent être faits dans nos industries, et à signaler au Gouvernement toutes les mesures qui peuvent nous venir en aide.

C'est dans ce but que nous nous permettons de prendre la parole et de chercher à jeter quelques lumières nouvelles sur tout ce qui peut sauver *l'industrie métallurgique* du désastre dont elle est menacée.

Et, d'abord, établissons la situation de l'industrie spéciale des *forges au bois* telle qu'elle nous apparaît.

A la fin de 1859, époque où il n'était encore nullement question du traité de commerce, les forges au bois avaient beaucoup souffert des décrets des mois d'octobre 1855 et 1857 ; néanmoins, depuis quelque temps, une amélioration s'était produite dans le cours des fers ; et, comme rien n'annonçait l'avénement d'un régime nouveau, comme tout, au contraire, semblait présager le maintien des droits

protecteurs et le réveil du travail national, les maîtres
de forges, pour ne pas être pris au dépourvu, avaient con-
tinué de faire leurs approvisionnements de matières
premières, si bien, qu'au moment où le traité de commerce est venu si inopinément frapper de stupeur nos
grandes industries, ils avaient tous sur les bras :

De grands approvisionnements de bois et de charbons,
achetés à prix élevés;

De grandes quantités de matières premières, minerais, castines, etc.;

Enfin, un grand stock de fer et de fonte en magasin.

Tout cela représentait des valeurs considérables.

Dès qu'on eut connaissance du traité de commerce,
la situation s'assombrit; les demandes de fers furent
nulles; les forges, ne pouvant arrêter leur travail, virent
tous les jours leur stock s'augmenter. L'offre alors dé-
passa si fort la demande que le cours des fers et des
fontes avait baissé de 15 à 20 0/0, au bout de quelques
mois, sans que, pour cela, les ventes fussent plus actives.

Le traité de commerce a donc produit une déprécia-
tion considérable, non-seulement des matières premières
de l'industrie du fer, mais encore du capital engagé
dans cette industrie. Il a donc rudement atteint la
fortune des maîtres de forges, et surtout des maîtres
de forges au bois, car l'on ne peut pas évaluer au-
dessous de 250 millions le capital ici engagé, soit :

Pour le capital immobilisé. . . . . . . 100 millions.
    —   —   roulant 150   »
                                       250 millions.

Les maîtres de forges de la Haute-Marne et de la
Meuse étaient donc bien fondés à exposer leurs doléances au Sénat, dans la pétition qu'ils lui ont adressée
pour demander la prorogation, au 31 décembre 1861,
de la mise en vigueur du traité, fixée au 1er octobre
1860. Ce délai, en effet, était bien nécessaire pour
qu'on pût consommer tous les approvisionnements de
matières premières, et écouler les produits fabriqués.

Quoi qu'aient pu dire les ingénieurs-économistes dont
parle M. Dumas, dans son rapport au Sénat, au nom

de la commission des pétitions, le traité de commerce va avoir un effet rétroactif, qu'on n'aime pas à rencontrer dans nos lois et encore moins dans les actes émanant du chef de l'État.

Nous espérons donc que le Gouvernement de l'Empereur saura trouver les moyens de réparer les dommages causés aux maîtres de forges. Il le doit d'autant plus que l'effet rétroactif du traité de commerce a plus d'étendue que ne l'ont exposé les maîtres de forges de la Haute-Marne et de la Meuse.

Ils n'ont parlé, en effet, que des approvisionnements de bois et de charbons faits depuis deux ans; mais ils n'ont rien dit des maîtres de forges qui, ayant confiance dans le maintien du système protecteur, ont fait des affouages de bois et des locations d'usines à longs termes et à prix onéreux. Ils n'ont rien dit de ceux qui ont acheté des concessions de terrains pour des exploitations de minerais, de castines, etc.

Ceux-là, et ils sont nombreux, vont éprouver de bien plus grandes pertes; l'on peut même avancer que leur industrie est fortement compromise: déjà bien des forges, bien des hauts fourneaux ont éteint leurs feux, et Dieu sait s'ils se rallumeront jamais !

Enfin, les maîtres de forges pétitionnaires n'ont pas dit un mot de l'effroi que répand, dans le monde industriel, le droit que donne à l'Empereur le sénatus-consulte du 23 décembre 1852, de pouvoir modifier, suivant son bon plaisir, nos tarifs de douane et même de changer le régime économique sur la foi duquel se sont établies toutes nos industries. Pourquoi taire le sentiment général à ce sujet? Pourquoi craindre de dire la vérité, quand cette vérité intéresse au plus haut point le bonheur des populations, et qu'elle s'adresse à un souverain qui ne cherche qu'à faire le bien et qui s'inquiète moins de son autorité que de la prospérité et de la puissance de la France ?

Ayons donc le courage de dire, respectueusement et sans vouloir porter atteinte à la prérogative constitutionnelle de l'Empereur, que le droit excessif dont est armé le Gouvernement va frapper les sources de la puissance productive du pays; et que ce ne sera qu'avec la plus grande crainte, qu'avec la plus déplorable timidité, que les producteurs vont désormais établir de nouvelles industries, ou même seulement améliorer leurs moyens de production. Car la première condition du développement du travail national, c'est la stabilité des institutions économiques, c'est la sécurité de l'avenir; et l'on n'aura cette sécurité que lorsque nos tarifs de douanes ne pourront subir de modifications qu'après des enquêtes préalables, larges et sincères, où tous les intérêts auront pu se faire entendre; ou bien que lorsque l'on aura constitué, d'une manière sérieuse, les Conseils généraux de l'agriculture, des manufactures et du commerce, et que l'on aura pris l'engagement solennel de soumettre à leurs discussions toutes les réformes commerciales qui seraient jugées utiles par le Gouvernement ou par l'industrie; car l'industrie française, il faut l'espérer, pourra arriver quelque jour à prendre elle-même l'initiative des réformes économiques, comme cela a eu lieu en Angleterre, ce qui serait la preuve de sa virilité et du sentiment de sa puissance. L'on pourra, sans doute, apporter de grandes améliorations, introduire de grands progrès dans nos diverses industries, en réalisant le programme de l'Empereur; mais, outre que ce programme sera lent, très-lent à réaliser, l'on n'aura jamais un puissant développement de l'industrie manufacturière, malgré la confiance qu'on a dans l'Empereur, tant qu'il pourra modi-

2

fier, d'un trait de plume, les conditions de son existence.

Pour en revenir à la situation de notre travail national, nous ferons remarquer que les effets du traité de commerce seront bien inégaux pour nos diverses industries. Suivant leur position géographique, les forges situées sur tout le littoral de l'Océan, par exemple, seront bien plus maltraitées que celles de l'intérieur, et nous autres Bretons, qui sommes la sentinelle avancée de la France en regard de notre puissante rivale, nous aurons à subir les premiers l'invasion des produits anglais; nous devons donc, les premiers, chercher à réunir tous nos moyens de défense et nous préparer à une résistance énergique. Si nous devons succomber, que ce soit honorablement, les armes à la main, mais n'allons pas nous laisser mourir de frayeur avant d'avoir combattu; faisons donc appel à toute notre intelligence, à notre instruction spéciale, à toutes les ressources de notre esprit d'invention, et demandons au Gouvernement qu'il veuille bien nous seconder dans les efforts que nous allons faire.

C'est dans ce but que nous avons pris la plume; c'est pour soumettre nos idées au Gouvernement et à nos confrères; c'est pour provoquer les recherches de tous les hommes spéciaux, sur toutes les questions dont la solution peut nous donner les moyens de lutter contre la concurrence anglaise qui est à nos portes.

Parmi les nombreuses questions qui intéressent les maîtres de forges au bois, il en est *trois* qui nous paraisent vitales, et que nous soumettons à l'attention des personnes intéressées :

1° Emploi des minerais de fer supérieurs dans les hauts fourneaux ;

2° Perfectionnement des méthodes de carbonisation du bois en forêt ;

3° Amélioration de nos voies de transport.

Nous allons dire successivement notre mot sur chacune de ces questions.

Première question.

Emploi des minerais de fer supérieurs dans les Hauts Fourneaux.

Ce qui ne nous semble pas avoir été suffisamment compris, c'est que, dans l'état actuel de l'industrie des forges, *l'on ne peut produire des fers supérieurs qu'avec le charbon de bois.*

C'est que la France, qui possède une immense richesse forestière, n'a pas utilisé bien convenablement jusqu'à ce jour cette richesse, et n'en a pas tiré tout le parti qu'il était possible d'en tirer.

C'est que si nos forges n'ont pu lutter encore avec celles de l'Angleterre et de la Belgique par le *bas prix* de leurs fers, elles peuvent, celles au bois surtout, si elles sont secondées par le Gouvernement, s'il leur est permis d'entreprendre leurs réformes avec sécurité, arriver à lutter avec ces deux nations *par la qualité supérieure de leurs produits.*

La France n'est pas fort riche en gisements de mine-rais de fer supérieurs. Il était difficile, il y a quelques années, de se procurer de ces minerais; mais nous croyons que la conquête de l'Algérie, que l'établissement de nos diverses lignes de chemins de fer, que l'amélioration et le développement de nos voies fluviales et artificielles, et surtout que l'abaissement promis de tous nos prix de transport, vont en faciliter les moyens, et que ce qui était difficile autrefois va pouvoir devenir plus facile aujour-d'hui.

Nous avons sous les yeux des minerais de fer de l'Al-gérie, et nous pouvons dire qu'il ne nous paraît pas possible d'en trouver de plus riches et de meilleurs. L'on en découvrira dans d'autres localités, nous n'en doutons pas, sur le sol même de la France, le jour où l'on en reconnaîtra l'impérieuse nécessité. Nous engageons donc, de toutes nos forces, les maitres de forges au bois à entrer promptement dans cette voie d'améliorations.

Par cette voie, ils peuvent non-seulement sauver leur industrie de la ruine dont elle est menacée, mais encore :

Assurer sa prospérité ;

Donner toute sécurité à son avenir ;

Rendre au pays encore plus de services qu'ils ne lui en ont rendu jusqu'à ce jour par leur industrie ;

Enfin, augmenter la puissance et la richesse de la France et la rendre plus indépendante des nations étrangères.

Qu'on nous permette de justifier ces diverses assertions :

Ils peuvent assurer la prospérité de leur industrie.

C'est inévitable. L'industrie nationale en se développant, notre marine, nos chemins de fer, tous nos travaux publics exigent, de plus en plus, des fers de qualité supérieure. La demande ne peut manquer d'en devenir très-grande dans un avenir peu éloigné.

Le prix de revient de ces fers supérieurs sera, sans doute plus élevé ; mais les acheteurs ne se laisseront pas arrêter par cette considération, quand la vie de nos marins et des voyageurs sera en question; quand il s'agira de la bonne qualité de nos machines et de nos outils; quand il s'agira enfin de la bonté et de la durée de tous les ouvrages où l'on emploie le fer, la fonte et l'acier; l'on préférera de beaucoup payer *cher* des fers offrant toute sécurité, que payer *bon marché* des fers d'une qualité douteuse.

Ils peuvent donner à son avenir toute sécurité.

En effet, la nécessité d'avoir abondamment à sa disposition des fers supérieurs se fait sentir non-seulement en France, mais encore chez les nations étrangères, dont la puissance manufacturière a réalisé de grands progrès; en Angleterre, plus que partout ailleurs. Le jour où *nos forges au bois* produiront couramment des fers aussi bons que les meilleurs fers d'Espagne et de Suède, elles n'auront plus à craindre l'abaissement des droits protecteurs, ni même leur retrait; ce sera le tour de l'Angleterre d'avoir à redouter notre concurrence, et nous la verrons probablement passer, avec cette élasticité de logique qui distingue ses divers organes (et à leur tête le *Times*), de *la thèse libre-échangiste à la thèse de la protection.*

Ils peuvent rendre au pays encore plus de services qu'ils ne lui en ont rendu jusqu'à ce jour par leur industrie.

La France ne produit pas chez elle tout le fer de première qualité dont elle a besoin; elle ne produit même peut-être pas les fers et les aciers de qualité *extra-supérieure* que nous croyons possible d'obtenir, et qu'il est urgent de chercher à produire. Lorsque les maîtres de forges au bois pourront les fournir, lorsqu'ils pourront livrer des fers et des aciers plus parfaits et plus appropriés à tous leurs usages, ils auront rendu un service signalé à toutes nos industries, et ils les aideront à faire de grands progrès.

Nous ne faisons pas tout ce que nous pourrions faire, parce que nous n'avons pas sous la main la matière première au degré de *pureté*, de *ténacité* et de *malléabilité* désirables.

Combien d'industries nouvelles verraient le jour! A combien d'usages nouveaux le fer et l'acier seraient employés si nous obtenions dans leur fabrication cette supériorité que nous croyons possible au moyen de l'emploi des *minerais de fer supérieurs traités au charbon de bois !*

Enfin *les maîtres de forges peuvent augmenter la puissance et la richesse de la France.*

Qui pourrait nier cela ? La France serait évidemment plus puissante et plus riche le jour où elle ne serait plus tributaire de l'étranger :

Pour les fers supérieurs ;

Pour les aciers ;

Pour les fontes propres à la fabrication de l'acier naturel.

Elle serait plus indépendante lorsqu'elle produirait complétement chez elle ces puissants auxiliaires de toutes nos industries, de l'agriculture et des arts.

Elle serait plus indépendante lorsqu'elle aurait le moyen de fabriquer, d'améliorer, de perfectionner et de rendre formidables tous nos moyens de défense.

L'on a dit, avec juste raison, que la civilisation d'un pays *peut se mesurer par la quantité de fer qu'il consomme.*

Nous croyons que l'on devrait dire *par la quantité* et *par la qualité* du fer qu'il produit.

Mettons-nous donc à l'œuvre, hâtons-nous de marcher vers le but indiqué ; deux puissantes raisons nous y engagent : l'intérêt personnel et l'agrandissement de la puissance de notre pays.

Pour donner une idée des améliorations que peuvent produire dans la fabrication de la fonte et du fer l'emploi des minerais de très-bonne qualité, nous allons dire ce qui s'est passé en Bretagne, lorsqu'on y a fait usage de minerais supérieurs, et nous examinerons la question des *minerais de fer espagnols* qui fait partie du premier sujet que nous nous sommes proposé de traiter.

EMPLOI DES MINERAIS DE FER ESPAGNOLS.

La Bretagne était, il y a quelques années, la province la plus arriérée, sous le rapport de la production du fer; en 1840, lorsque nous primes en mains les forges de Trédion, et, plus tard, celles de Lauvaux, l'on produisait dans ces usines des fontes dures, cassantes et ne pouvant donner que des fers excessivement mauvais. M. Berthier, le savant professeur de docimasie à l'École des mines, qui avait été mis à même de les juger, a dit, dans une lettre qui est entre nos mains, et il l'a répété dans ses *Essais sur la voie sèche*, page 272, que les fontes de Trédion *étaient les plus mauvaises de France*. Il aurait pu en dire autant des autres usines bretonnes.

Ainsi, il y a douze ou quinze ans, la Bretagne produisait des fers détestables; il n'était pas possible qu'elle restât dans une situation pareille, et, sous peine de périr, il fallait en sortir.

Mes observations m'avaient porté à penser que la mauvaise qualité des fers bretons tenait à la nature de ses minerais. Des analyses démontrèrent qu'ils contenaient du phosphore. Plus tard, je rencontrai, en union intime avec eux, presque tous nos minéraux phosphoreux : les *phosphates de fer* verts et bleus, le *kakoxen*, la *wavelite*, etc. La démonstration était complète, il fallait chercher des minerais ailleurs (1).

Dans ce même moment, des négociants de Bilbao m'offraient des minerais de fer de la Biscaye. Je repoussai d'abord leur offre, parce qu'il ne me paraissait pas possible d'employer ces minerais avec quelque avantage ; cependant, sachant qu'ils étaient de très-bonne qualité, sachant qu'ils étaient fort riches et que les fers espagnols étaient les premiers fers du monde, je me décidai à en demander un chargement.

Je fus d'abord la risée de mes confrères ; mais, ce

---

(1) Ceci expliquera à un métallurgiste de cabinet, qui a traité la question du fer dans un de nos grands journaux quotidiens, pourquoi les maîtres de forges bretons sont allés chercher leurs minerais en Espagne. Il ne les aurait pas traités avec tant de dédain, et il ne se serait pas permis de leur appliquer les épithètes d'*ignorants* et de *paresseux*, s'il avait étudié et compris la question.

qu'il y a de certain, c'est que j'obtins des résultats tels que je me déterminai à un usage suivi de ces minerais. J'étais arrivé à fabriquer des fontes de si bonne qualité que je me trouvais en mesure de rivaliser avec les meilleures fontes de France et d'Angleterre : c'était une véritable révolution dans ma fabrication.

Les mêmes résultats étaient obtenus dans d'autres usines; mes voisins, MM. Riant, Langlois et compagnie, obtenaient des fers, pour la taillanderie, *supérieurs à tout ce qui était connu jusqu'à ce jour.*

Nous fûmes bientôt imités par nos confrères bretons. L'usage des minerais espagnols se propagea de plus en plus : partout il produisit ses effets d'amélioration. Les fers bretons, qui n'avaient que des usages spéciaux, qui étaient repoussés quand il s'agissait de les appliquer à des ouvrages exigeant du fer doux et tenace, étaient acceptés par la marine, étaient achetés par le consommateur breton, qui n'avait fait usage jusque-là presque exclusivement que du fer de Suède.

Vers la fin de l'année 1851, l'emploi de ces minerais s'était généralisé; tous les maîtres de forges s'apprêtaient à en faire des demandes considérables pour la campagne de 1852, lorsqu'ils apprirent tout à coup que le gouvernement espagnol, qui les avait laissés jusque-là sortir en franchise, venait de les frapper d'un droit de plus de 7 francs par tonne à la sortie.

Ce droit équivalait presque à une prohibition, prohibition qui portait atteinte non-seulement aux intérêts des maîtres de forges français, mais encore à ceux des négociants espagnols qui se livraient à l'exploitation de ces minerais. Ces derniers, ayant à redouter, avec juste raison, la ruine de leur industrie, firent de notables concessions sur le prix.

Les maîtres de forges français continuèrent leurs demandes, et ils les ont continuées tant que la hausse des fers s'est maintenue (tout en les restreignant le plus qu'ils ont pu); mais aujourd'hui l'état de souffrance de l'industrie du fer ne leur permet pas de demander à l'Espagne des minerais qui coûtent si cher.

Voilà donc un immense progrès dans l'industrie du fer au bois qui va disparaître; voilà un grand nombre de forges françaises qui vont rétrograder, si nous ne pouvons obtenir que le décret fatal soit rapporté.

L'Espagne fait valoir en faveur de la quasi-prohibition de ses minerais de fer de la Biscaye les motifs suivants :

1° La crainte de voir le prix de ces minerais augmenter pour ses propres forges, par les exportations à l'étranger ;

2° La crainte que l'exportation de ces minerais n'empêche l'exportation des fers supérieurs que l'Espagne en obtient, en lui suscitant une concurrence sur les marchés étrangers ;

3° La crainte de voir s'épuiser les gisements de ces minerais ;

4° Enfin l'Espagne a vu dans le décret royal du 18 février 1852 une mesure à la fois utile à l'intérêt de ses nationaux et à ceux de son trésor.

Nous allons examiner successivement toutes ces allégations.

Réponse à la première allégation.

Est-ce sérieusement que l'Espagne pourrait redouter l'élévation du prix de ses minerais de fer pour ses forges, en en permettant l'exportation ? L'exportation ne produirait-elle pas un effet inverse, en donnant un grand développement à ses minières ? En effet, les exploitations de minerais de fer en Espagne en sont à leur début ; elles ne sont ni assez nombreuses, ni assez importantes pour pouvoir faire usage de tous les moyens que la science met à leur disposition ; les capitaux qui s'y sont portés ne sont pas assez puissants pour y créer et leur adjoindre tous ces grands travaux d'art, toutes ces voies de transport, qui sont de si puissants auxiliaires des exploitations minérales. Il en sera de même tant que ces exploitations n'auront à suffire qu'aux seuls besoins des forges de l'Espagne, et, dans une faible mesure, aux nécessités de quelques forges françaises situées sur le littoral ; mais le jour où les droits qui pèsent sur les minerais, à leur sortie, seraient enlevés, le jour où il serait possible aux forges françaises de demander à l'Espagne tous les minerais de fer dont elles auraient besoin, les capitaux se porteraient avec ardeur vers les exploi-

tations minières ; de puissantes exploitations seraient
entreprises, et l'on verrait se réaliser immédiatement le
perfectionnement des procédés d'exploitation, et l'amélioration des voies de transport, si déplorables en ce
moment. De ces progrès résulterait une baisse de prix
des minerais ; baisse dont les forges espagnoles profi-
teraient les premières, et dont elles ne jouiraient jamais,
si leurs minières n'avaient à satisfaire qu'à leurs seuls
besoins.

Déjà le gouvernement espagnol a pu se convaincre que
la demande étrangère avait stimulé les propriétaires
de ses mines de fer ainsi que les spéculateurs.

Combien de nombreux gisements entièrement inconnus
jusqu'à ce jour ont été découverts ! Combien de richesses
nouvelles mises au jour ! Il ne s'agit donc que de seconder ce mouvement, et l'Espagne aurait, du même
coup, abaissé le prix de revient du produit de ses
forges, et fait jaillir, des montagnes de la Biscaye, des
sources immenses de richesses pour ses nationaux et
pour son gouvernement dont nul ne saurait dire les
limites.

Réponse à la deuxième allégation.

Le gouvernement espagnol redoute que l'exportation de ses minerais ne mette obstacle à l'écoulement des bons fers qu'elle en obtient et qu'elle vend à l'étranger. Il y a là une erreur matérielle, quant à la France, du moins, qui ne tire point des fers d'Espagne; les documents en font foi : *la France tire de la Suède tous les fers supérieurs dont elle a besoin.*

Nous ajouterons que nous avons des motifs de croire qu'il en est de même des autres puissances étrangères; elles se pourvoient en Suède, comme la France, et cette préférence donnée à la Suède tient aux prix élevés des fers espagnols.

La rareté des bois en Espagne ne permet pas aux maîtres de forges de cette nation de donner un grand développement à leur fabrication, et de produire au delà des besoins de leur pays.

Le haut prix du charbon végétal, qui est indispensable à la production des fers de qualité supérieure, met l'Espagne dans l'impossibilité de pouvoir fabriquer à aussi bas prix que la Suède et de pouvoir lutter avec elle à l'étranger.

Ainsi la fabrication des *fers supérieurs* en Espagne sera toujours très-bornée et insuffisante pour donner lieu à l'exportation ; de plus les maîtres de forges espagnols ne seront jamais en mesure de rivaliser avec la Suède pour le bas prix, sur les marchés étrangers.

Pour appuyer ce fait de chiffres, il nous suffira de dire que les fers espagnols valent environ 350 francs la tonne sur les lieux de production, lorsque les fers de Suède ne se vendent que 250 francs.

Réponse à la troisième allégation.

L'Espagne ne peut pas redouter sérieusement l'épuisement des gisements de minerais de fer qu'elle possède; ces gisements sont tellement étendus, tellement puissants, que les ingénieurs français qui se sont rendus sur les lieux, qui les ont examinés, ont tous déclaré qu'il y avait dans les montagnes seules de la Biscaye assez de minerais de fer pour approvisionner toutes les forges de l'Europe pendant des siècles.

M. Manès, ingénieur en chef des mines, à Bordeaux, que le gouvernement français a bien voulu envoyer visiter les mines de Biscaye, sur ma demande, a confirmé complétement le fait, et a déclaré, dans un rapport remarquable, *que les mines de fer de la Biscaye étaient inépuisables.*

Réponse à la quatrième allégation.

Quant à l'argument que fait valoir le gouvernement espagnol et qui est puisé dans des considérations fiscales, il ne peut être sérieux.

Quelles ressources peut-il trouver dans le droit dont il a frappé les minerais de fer sortant de son territoire ? De bien faibles, il faut en convenir.

Admettons qu'il sorte 20 ou 30, ou même 40 mille tonnes de minerais de ses ports, cela ne fournirait à son trésor qu'une somme de 300,000 francs, au maximum.

En rendant la sortie des minerais libre, le gouvernement espagnol ne retrouverait-il pas dans le développement de la richesse publique, dans le mouvement commercial et industriel que cela déterminerait, dans l'immense activité que prendrait sa marine, de plus nombreux et de plus grands avantages, même fiscalement parlant? Si le décret royal du 10 février 1852 était abrogé, il est évident que ce ne serait ni 30 ni 40,000 tonnes qu'on lui demanderait, mais bien des centaines de mille tonnes.

L'on ne voit donc pas l'intérêt que peut avoir l'Espagne à prohiber la sortie de ses minèrais de fer, du moins, à la restreindre par des droits aussi exorbitants que ceux dont elle les a frappés; l'on ne voit donc pas l'intérêt qu'elle peut avoir à arrêter une industrie qui tendait à prendre des proportions énormes dans un coin de son pays, qui mettait déjà en œuvre de grands capitaux, qui donnait un nouvel essor à sa marine, et qui utilisait une richesse destinée à rester désormais enfouie dans ses montagnes; enfin l'on ne voit pas l'intérêt qu'elle peut avoir à arrêter une industrie qui pouvait assurer du travail à une nombreuse population ouvrière et qui aurait développé d'une manière si prodigieuse ses relations internationales.

Délégué par les maîtres de forges bretons, j'ai déjà fait entendre leurs doléances à Son Excellence le Mi-

nistre de l'Agriculture et du Commerce. Les négociants
espagnols ont, de leur côté, adressé leurs représenta-
tions à leur Gouvernement; mais, jusqu'à ce jour,
l'Espagne est restée sourde à nos réclamations. L'abro-
gation du funeste décret ne serait cependant que justice; et, en effet, qu'il nous soit permis de rappeler
ici ce que la France a fait en faveur de l'Espagne, en
1845. Avant cette époque, les minerais de fer français
étaient frappés d'une prohibition absolue, l'Espagne
réclama la levée de cette prohibition, et demanda,
en faveur de ses forges de la Cerdagne, la libre sortie
des minerais de fer des Pyrénées-Orientales; le gouvernement français se rendit à ses désirs; il permit
d'abord, en 1845, l'exportation des minerais français
par un seul point du département des Pyrénées-Orientales, le col du *Puy Morens,* moyennant un droit de
1 franc par tonne. En 1847, le 2 décembre, le ministre des Finances autorisa l'exportation de tous les
minerais de fer indistinctement, du département des
Pyrénées-Orientales. Ces exceptions étaient les seules
à une prohibition qui comptait en France cinquante-sept
années d'existence.

C'est donc non-seulement en invoquant la raison,

mais encore la justice et son bon vouloir dans une sem-
blable question, que le gouvernement français pourrait
réclamer de l'Espagne, sinon la libre sortie des minerais
de fer de la province de Biscaye, du moins la réduction,
dans une forte mesure, des droits qui sont imposés à
leur exportation.

Il n'est pas possible que l'Espagne ne soit pas frappée
des raisons péremptoires qui peuvent être présentées
à l'appui de la réclamation des maîtres de forges français; il n'est pas possible surtout que le gouvernement
de la reine ne sente pas l'injustice qu'il y aurait à
maintenir la différence qu'il établit dans le régime res-
pectif d'un même produit :

UN FRANC PAR TONNE, droit de sortie des minerais de
fer français POUR L'ESPAGNE.

SEPT FRANCS DIX CENTIMES PAR TONNE, droit de sortie
des minerais espagnols POUR LA FRANCE.

Cette question des minerais espagnols est, suivant
nous, de la plus haute gravité pour notre industrie du
fer au bois et pour les nombreuses industries qui s'y
rattachent; elle est vitale pour les forges de la Bretagne

et de tous les points du littoral de l'Océan où ils peuvent arriver sans grands frais.

Ce serait donc rendre un immense service au pays que d'obtenir du gouvernement espagnol l'abaissement des droits exorbitants qui frappent l'exportation de ces minerais.

Les maîtres de forges intéressés dans la question ont confiance dans la sollicitude éclairée du Gouvernement de l'Empereur, pour tout ce qui concerne les intérêts manufacturiers du pays; ils espèrent qu'il suffira de lui avoir exposé la question, de lui en avoir signalé toute l'importance, pour qu'il s'empresse de faire les efforts nécessaires pour que satisfaction leur soit donnée par le Gouvernement espagnol.

Seconde question.

La seconde question vitale pour l'industrie métallurgique que nous voulons signaler à l'attention publique est celle de *la carbonisation du bois*.

Des analyses faites par les chimistes les plus éminents

ont démontré que le bois desséché à l'air contient 38 0/0 *de carbone.* Ces mêmes bois, traités par les procédés ordinaires de carbonisation en forêt, ne rendent que 17 à 18 0/0 *de charbon.* C'est donc une perte de plus de moitié que font éprouver ces procédés vicieux.

Il n'y a pas un maître de forges français qui n'ait compris qu'il y avait là un immense perfectionnement à introduire dans son industrie; beaucoup d'entre eux ont fait des tentatives pour obtenir un rendement plus grand du bois qu'ils avaient à carboniser. Malheureusement, soit que les expériences aient été faites dans de mauvaises conditions , soit qu'on ne leur ait pas donné une attention assez suivie, le succès n'a pas couronné les efforts, et nous croyons pouvoir assurer qu'en ce moment, en France, *les procédés de carbonisation en forêt ne sont pas plus perfectionnés qu'ils ne l'étaient il y a un siècle.* Est-ce à dire que le problème soit insoluble? Nous croyons qu'il est difficile à résoudre; mais nous ne sommes pas de ceux qui veulent mettre des bornes à l'esprit humain, en ce qui concerne le perfectionnement des procédés industriels, et nous aimons à espérer qu'il en sera de cela comme de beaucoup de choses que l'on croyait impossibles.

Nous pensons que le jour où les fers anglais pourront entrer en France avec des droits réduits, et ce jour est bien près d'arriver, les maîtres de forges français, pressés par la concurrence anglaise, voyant la ruine de leurs établissements imminente, feront un de ces sublimes efforts qui ne se produisent que dans les moments suprêmes, et qu'ils découvriront la solution du problème qui a occupé sans succès tant d'esprits jusqu'à ce jour.

Nous n'espérons pas que l'on puisse faire rendre au bois le produit théorique; nous savons qu'on ne saurait éviter, quelque méthode perfectionnée de carbonisation que l'on emploie, la formation du gaz hydrogène carboné, d'oxyde de carbone, de goudron et autres corps contenant du carbone, ce qui diminuera d'autant le produit en charbon; mais, sans trop présumer de ce qui est possible, sans mettre de l'exagération dans les découvertes à venir, nous pensons qu'on peut espérer arriver à faire produire au bois au moins 28 0/0 de charbon, ou une quantité équivalente de combustible.

L'on objectera que le carbone obtenu par distillation à vases clos ne peut être employé avantageusement dans les opérations des forges, parce qu'il est trop léger et trop facilement combustible ; mais, qu'on nous permette d'exprimer humblement notre opinion sur cette question et de dire que, peut-être, une des causes qui fait qu'on n'a pas réussi jusqu'à ce jour, c'est précisément parce qu'on s'est toujours proposé d'obtenir du charbon, et qu'on a poussé la distillation du bois, dans tous les appareils, jusqu'à sa dernière limite, tandis que nous croyons, nous, que le but des maîtres de forges devait être et doit être plus que jamais aujourd'hui, d'obtenir ce que l'on appelle des *charbons roux foncé*.

Par ce moyen, l'on évitera tous les inconvénients de la carbonisation à vases clos ; le combustible obtenu sera d'un transport facile, d'un emploi avantageux dans les hauts fourneaux, et l'on aura réalisé une énorme économie, économie qui profitera à la fois à la richesse générale du pays, aux propriétaires de forêts et aux maîtres de forges.

Qu'on nous permette de nous livrer à quelques calculs, pour donner une idée de l'économie qui peut résulter de la transformation de la vieille méthode de carbonisation en forêt.

L'on peut estimer qu'il se carbonise annuellement, en

France, soit pour l'industrie métallurgique, soit pour les usages domestiques, 10,000,000 de stères de bois. Chaque stère de bois desséché à l'air peut peser, en moyenne, au moment de la carbonisation, environ 360 kilogrammes, ce qui donne un poids de bois de 3,600,000 tonnes.

Si l'on trouve une méthode de carbonisation nouvelle qui fasse rendre au bois 28 0/0 de charbon, ou une quantité équivalente de charbon roux, la quantité de charbon produite s'élèvera à environ 1,000,000 de tonnes.

L'on peut estimer que la valeur moyenne du charbon de bois, en France, est au moins de 60 francs la tonne. La production annuelle du charbon de bois présentera donc une valeur en chiffres ronds de 60,000,000 de francs.

Par la méthode ancienne, la même quantité de bois n'aurait produit, au plus, que 630,000 tonnes de charbon, ou une valeur de 37,000,000.

La différence, au profit de la richesse nationale et de l'industrie métallurgique, serait donc de 23,000,000.

Cette économie abaisserait considérablement le prix de revient des fontes au bois (de 20 francs par tonne au moins), et comme leur production pourrait s'accroître dans la proportion de 2 à 3, par suite de la plus grande quantité de charbon mise à la disposition des maîtres de forges, il en résulterait encore une nouvelle économie sur les frais généraux, qui seraient abaissés en raison de cet accroissement de la production.

Tout cela, qu'on veuille bien le remarquer, aurait lieu sans qu'il y eût nécessité, pour le propriétaire de forêts, de réduire le prix de ses bois. Tous les intérêts, intérêts industriels, intérêts forestiers, seraient donc sauvegardés.

Ainsi, le problème de la carbonisation du bois, qui consiste à trouver une méthode simple, peu coûteuse et facile à installer dans les forêts, pour arriver à tirer du bois soumis à la carbonisation 28 0/0 de charbon en poids, offre un intérêt immense. Ce problème doit donc rester gravé dans l'esprit de tous les maîtres de forges et de tous les inventeurs, et nous aimons à espérer que le Gouvernement voudra favoriser ce mouvement des esprits, en offrant l'appât d'une forte récompense à celui qui trouvera la solution cherchée.

Troisième question.

La troisième question, qui intéresse à un haut point l'industrie du fer, est celle *de l'amélioration de nos voies de transport.*

La France est, sous ce rapport, bien moins favorisée que la Grande-Bretagne. L'on a compris depuis longtemps dans ce pays que l'un des plus grands services que l'on puisse rendre à l'industrie, c'est de lui donner des transports à bas prix. L'industrie métallurgique, plus que toute autre, réclame des transports faciles et peu coûteux, parce qu'elle a des quantités très-considérables de matières premières à faire venir, souvent de fort loin, pour l'alimentation de ses usines.

Pour donner une idée de l'importance de cette question, il nous suffira de dire que nos calculs nous ont démontré, et ils peuvent être facilement vérifiés, que *l'élément transport* entre pour plus de 30 0/0 dans le prix de revient des fers français, tandis que le même

élément n'entre au plus que pour 5 ou 6 0/0 dans le
produit similaire anglais.

Nous ajouterons que les frais de transport, pour faire
arriver les produits de nos forges aux lieux de vente,
sont excessivement élevés, et que les économistes qui
ont pensé que *l'écart* entre les frais de transport qu'ont
à subir les produits français et les produits anglais, *pour
arriver sur un même marché français*, était une protection déjà acquise pour les producteurs nationaux, ont
avancé un fait qui a une certaine apparence de vérité,
mais dont on reconnaît promptement l'inexactitude lorsqu'on l'examine de près, et surtout quand on l'examine
à un point de vue général. M. Léonce de Lavergne,
homme pourtant d'un grand sens et d'une grande clair-
voyance, est tombé, aussi lui, dans la même erreur,
lorsqu'il a dit, dans un remarquable article publié dans
la *Revue des deux Mondes*, le 5 février dernier : « Que
« l'économie des frais de transport suffit pour que les
« producteurs nationaux aient un privilége naturel sur
« tous les autres. »

Il est évident que certaines de nos manufactures, celles
de l'*est* et du *centre* de la France, par exemple, ont un

avantage marqué sur les produits étrangers pour le transport de leurs propres produits dans les localités qui les entourent. Mais, d'abord, cet avantage est bien insuffisant pour leur assurer une protection efficace, et, d'un autre côté, cela n'a lieu que pour la portion de leurs produits destinés à la consommation locale, c'est-à-dire pour une très-faible partie de leur production.

Mais, en prenant la question à un point de vue général, l'on peut avancer que les manufactures françaises, situées souvent fort loin des ports, établies dans des localités où les chemins sont ou très-accidentés ou en mauvais état, étant obligées assez fréquemment de faire usage des canaux ou des voies fluviales, dont la navigation est lente, difficile et coûteuse; ou bien d'avoir recours aux chemins de fer, dont les tarifs sont excessivement élevés, auront, presque toujours, plus de frais pour amener leurs produits dans les grands centres de consommation, comme Paris, Rouen, le Havre, Cherbourg, Brest, Nantes et Bordeaux, ainsi que sur tous les points du littoral, que les producteurs anglais, dont les établissements sont généralement situés à proximité des ports d'embarquement, et qui ont toujours sous la main des moyens de transports faciles et peu coûteux.

Le privilége naturel des industriels français, dont on fait état, n'existe donc pas. Nous pourrions citer un grand nombre de chiffres à l'appui de cette assertion ; mais il faudrait faire un relevé de tous les prix de transports des produits de toutes les fabriques françaises, ce qui exigerait de nombreuses recherches et beaucoup plus de temps que nous n'en avons à consacrer à la tâche que nous nous sommes proposée.

Nous nous bornerons donc à mettre sous les yeux de nos lecteurs le tableau comparatif du transport des produits des principales forges françaises et anglaises sur les principaux marchés de France :

PRIX DE TRANSPORT PAR TONNE						
MARCHÉS FRANÇAIS	FORGES ANGLAISES	COMMENTRY	FOURCHAMBAULT	LE CREUSOT	LIGNE de LA LOIRE	FORGES de LA CHAMPAGNE
	fr.	fr.	fr.	fr.	fr.	fr.
Paris	20 »	30 »	25 »	30 »	35 »	20 »
Rouen.....	15 »	35 »	30 »	40 »	40 »	30 »
Le Havre..	12 »	40 »	35 »	45 »	45 »	35 »
Cherbourg.	12 »	45 »	35 »	45 »	45 »	40 »
Brest	12 »	40 »	35 »	45 »	45 »	40 »
Nantes....	15 »	35 »	25 »	40 »	45 »	40 »
Bordeaux..	15 »	35 »	30 »	40 »	40 »	40 »

Le tableau ci-dessus démontre que les produits anglais arrivent sur nos principales places de commerce souvent avec moins de frais que ceux de nos forges les plus importantes.

Ainsi donc, non-seulement en France nous avons une infériorité marquée sur le chiffre des transports qui entrent dans nos prix de revient, mais encore nos produits manufacturés supportent souvent des prix de transports plus élevés que les produits anglais, pour arriver sur les grands marchés français.

Il résulte des faits que nous venons d'exposer :

Que l'industrie nationale, souvent accusée de rester stationnaire ou de marcher à pas lents, n'est, le plus souvent, inférieure à l'industrie anglaise que dans les choses où elle est impuissante.

Dans la question des voies de transport, où l'industrie ne peut rien, il serait injuste de vouloir faire peser sur elle la responsabilité de l'élévation du prix de revient de ses produits, qui résulte de l'infériorité de nos voies de communication.

La lettre du 5 janvier, avant-coureur du traité de commerce, prouve que l'Empereur comprend toute l'importance de cette question et l'injustice qu'il y aurait à nous laisser plus longtemps dans les conditions d'infériorité où nous sommes pour le transport des matières premières et des produits de l'industrie.

Nous avons donc quelque droit à demander au Gouvernement la réalisation la plus prompte de la promesse qu'il nous a faite de nous donner les transports à bon marché. Ce sera l'un des plus puissants moyens de faire avancer notre industrie et de la mettre en état de lutter contre l'industrie anglaise.

Nos chemins, routes impériales, départementales et vicinales, sont loin d'être terminés; dans beaucoup de départements les chemins vicinaux sont, pour la plupart, impraticables, et cependant ce sont là les plus importantes voies de transport des industries éloignées des villes. C'est au mauvais état de ces chemins que l'on doit surtout l'élévation du prix de transport des matières premières et des produits des forges au bois.

L'amélioration de la navigation sur nos canaux est

une chose nécessaire, ainsi que l'abaissement et même
la suppression des droits de navigation. Certains de nos
canaux, qui ont coûté fort cher, ne rendent que de très-
faibles services à l'industrie : nous pourrions citer nos
canaux de Bretagne, où la navigation est si difficile et
si coûteuse, que dans beaucoup de cas les transports
par roulage se font à des prix moins élevés.

L'on nous a fait espérer une forte réduction sur les
tarifs des chemins de fer, et cette promesse avait été
accueillie avec joie par toutes nos industries. Pourquoi
tarder à réaliser ces améliorations? La concurrence
anglaise est à nos portes; si vous nous laissez plus
longtemps dans les conditions d'infériorité où nous
sommes pour nos prix de transport vis-à-vis des manufactures anglaises, nous aurons le droit de vous accuser
de nous faire marcher à l'ennemi sans nous donner les
armes nécessaires pour le combattre.

Nous devons donc réclamer avec instance toutes les
améliorations qui se rapportent à la viabilité intérieure,
et les plus urgentes, celles qu'il est facile de réaliser
immédiatement : la suppression des droits de navigation

sur les canaux, la réduction la plus forte possible sur les tarifs des chemins de fer.

———

Résumons-nous en peu de mots.

Le traité de commerce a mis en péril l'industrie métallurgique; les forges au bois principalement ne pourront point résister à la concurrence anglaise.

Il faut donc que les maîtres de forges se hâtent de rechercher tous les perfectionnements, toutes les améliorations dont leur industrie est susceptible.

Nous avons exposé les grandes questions dont ils avaient tout d'abord à se préoccuper; nous nous bornerons donc à rappeler les moyens qui seraient, selon nous, assez puissants, non-seulement pour empêcher leurs établissements de mourir, mais encore pour leur donner peut-être une vie nouvelle.

Ces moyens consistent :

A rechercher des minerais de première qualité pour produire, au moyen du combustible végétal, des fontes d'affinage, des fontes aciéreuses et des fers fins ayant une supériorité telle que l'Angleterre, avec sa fabrication à la houille, ne pût leur opposer rien de pareil et devint même leur tributaire pour ces produits supérieurs ;

Enfin, à découvrir un procédé simple et peu coûteux qui permette de faire rendre au bois tout le charbon qu'il est raisonnablement permis d'en espérer.

En un mot, le problème qu'ont à résoudre les maîtres de forges au bois est celui-ci :

Fabriquer des fontes, des fers et des aciers, tout à fait supérieurs, au plus bas prix possible.

Pour obtenir cet immense progrès dans leur industrie, voici en quoi le Gouvernement doit leur venir en aide : il faut qu'il favorise par tous les moyens qui sont en son pouvoir l'exploitation des minerais de qualité supérieure de l'Algérie ;

Il faut qu'il fasse d'énergiques efforts auprès du gouvernement espagnol pour obtenir la sortie en franchise des minerais de fer de la Biscaye ;

Il faut qu'il favorise par quelque grande récompense honorifique, par des promesses de primes la solution du problème de la carbonisation du bois en vase clos. Il faut qu'il nous rassure sur les craintes qu'inspire le libre-échange ;

Il faut enfin qu'il nous donne des voies de transport à bas prix, car, sans cela, pas d'industrie puissante, pas de développement de la force productive du pays.

Les maîtres de forges ont confiance dans la sollicitude du gouvernement de l'Empereur, pour tout ce qui concerne les intérêts manufacturiers du pays ; ils espèrent qu'il suffira de lui avoir exposé les divers points dans lesquels il peut seconder leurs efforts, pour être assurés que satisfaction leur sera donnée.

Les producteurs de tous les pays ont sans doute la tâche de tendre toujours au perfectionnement de leurs industries, afin de pouvoir livrer leurs produits aussi bons et à aussi bas prix que possible, mais les gouvernements ont bien aussi la leur, celle de les seconder dans toutes les questions où ils sont impuissants.

Et, qu'on nous permette de le dire bien respectueusement, le Gouvernement français a plus que jamais cette tâche à remplir envers l'industrie en abaissant les droits protecteurs du travail national. En faisant pénétrer sur les marchés français la concurrence étrangères, il a pris implicitement l'obligation de nous donner les moyens de soutenir la lutte qu'il a provoquée.

J. BESQUEUT.

PARIS. — IMPRIMERIE POITEVIN ET C°, RUE DAMIETTE, 2.